V

PUBLICATION DE LA RÉUNION DES OFFICIERS

LES
GRANDES MANŒUVRES

DE LA

GARDE IMPÉRIALE RUSSE

EN 1884

AVEC CROQUIS

D'APRÈS L'INVALIDE RUSSE

PAR

A. D'HAUTERIVE

CAPITAINE ADJUDANT-MAJOR AU 124e RÉGIMENT D'INFANTERIE
OFFICIER D'ACADÉMIE

Ornées d'un dessin inédit d'Édouard DETAILLE

PARIS

LIBRAIRIE MILITAIRE DE L. BAUDOIN ET Cie
LIBRAIRES-ÉDITEURS
30, Rue et Passage Dauphine, 30

1885

LES

GRANDES MANŒUVRES

DE LA

GARDE IMPÉRIALE RUSSE

EN 1884

PARIS. — IMPRIMERIE L. BAUDOIN ET Cᵉ, RUE CHRISTINE, 2.

PUBLICATION DE LA RÉUNION DES OFFICIERS.

LES
GRANDES MANŒUVRES

DE LA

GARDE IMPÉRIALE RUSSE

EN 1884

AVEC CROQUIS

D'APRÈS *L'INVALIDE RUSSE*

PAR

A. D'HAUTERIVE

CAPITAINE ADJUDANT-MAJOR AU 124ᵉ RÉGIMENT D'INFANTERIE
OFFICIER D'ACADÉMIE

Ornées d'un dessin inédit d'Édouard **DETAILLE**

PARIS

LIBRAIRIE MILITAIRE DE L. BAUDOIN ET Cᵉ

LIBRAIRES-ÉDITEURS

30, Rue et Passage Dauphine, 30

1885

LES

GRANDES MANŒUVRES

DE LA

GARDE IMPÉRIALE RUSSE

EN 1884

Les troupes rassemblées pendant l'été de 1884 au camp de Krasnoë-Sélo ont terminé leurs exercices annuels par de grandes manœuvres. Ces manœuvres rendues très intéressantes par une mise en scène grandiose, ont de plus été très instructives par la manière dont les opérations ont été exécutées.

Conformément aux ordres de S. A. I. le grand-duc Vladimir-Alexandrowitch, commandant en chef des troupes, les grandes manœuvres de la garde impériale russe ont eu lieu entre le golfe de Finlande au nord, le golfe de Kaporié et la Narva à l'ouest, le chemin de fer de la Baltique au sud, Gattchino et Krasnoë-Sélo à l'est.

Cette grande étendue de terrain dans une contrée peu connue des troupes a permis de séparer les partis par plus de 130 verstes, et a donné à la cavalerie l'occasion d'appliquer sur une vaste échelle le service d'exploration stratégique et de protection, et cela avec d'autant plus de soin qu'au début des opérations les corps opposés n'avaient reçu que fort peu de renseignements les uns sur les autres. Le pays est accidenté et, dans certaines parties, couvert de forêts; éminemment favorable à la guerre de surprises et aux coups de main, il devient, par ses difficultés mêmes, un champ d'études fructueuses pour le service d'exploration et celui de liaison entre les colonnes et les détachements opérant de concert. Forcée de se mouvoir et d'opérer principalement dans les bois, la cavalerie s'est donc trouvée dans la nécessité de rechercher les meilleurs procédés à employer pour profiter des avantages d'un semblable théâtre de guerre tout en se garant des dangers qu'il présente.

S. A. I., commandant en chef, avait tenu à placer les troupes dans des conditions se rapprochant le plus possible du temps de guerre et à faire de ces manœuvres une véritable école de pratique pour tous les officiers pourvus d'un commandement.

On n'a pas cru devoir se servir des aérostats pour la reconnaissance des positions, mais, outre les appareils héliographiques et téléphoniques, les corps étaient pourvus d'échelles et de mâts-observatoires de campagne. Le temps pluvieux qui a régné pendant presque toute la durée des manœuvres n'a malheureusement pas permis de tirer des héliographes tout le parti désirable.

Au début des opérations toute l'infanterie du corps de l'ouest a été transportée aux points de concentration par le chemin de fer de la Baltique. Nous reviendrons plus tard sur cette opération stratégique.

Afin de permettre aux officiers étrangers (1), venus pour assister aux grandes manœuvres, d'observer de plus près les troupes et de suivre plus en détail le développement des opérations, ces officiers ont été répartis dans les corps. Les officiers appartenant aux ambassades sont seuls restés attachés au quartier impérial pendant toute la durée des manœuvres.

HYPOTHÈSE GÉNÉRALE DES MANŒUVRES.

Une escadre ennemie a pénétré dans le golfe de Finlande et a jeté sur le littoral de la Baltique des troupes de débarquement pour s'emparer de Pétersbourg.

La défense de Pétersbourg repose sur un corps isolé, mais des renforts considérables sont dirigés sur la capitale par le chemin de fer de Varsovie et les lignes du sud.

D'après cette hypothèse générale, la mission particulière du corps de l'est est la suivante :

Jusqu'à l'arrivée des renforts attendus s'opposer à l'attaque du corps ennemi qui a débarqué sur les

---

(1) Indépendamment des attachés militaires, MM. le lieutenant-colonel de Sermet et le capitaine d'artillerie Moulin, la mission militaire française se composait de MM. le général de division de Miribel, le lieutenant-colonel Renouard et le capitaine de cavalerie de Villeneuve-Bargemont.

La France était en outre représentée à ces manœuvres par le plus éminent de ses peintree militaires, M. Édouard Detaille, qu'une invitation particulière de S. M. l'Empereur avait convié en Russie pour cette circonstance.   (*N. du T.*)

côtes du golfe de Kaporié et à l'embouchure de la Narva et l'éloigner définitivement de Pétersbourg.

La plus grande partie des troupes du corps de l'ouest est supposée concentrée le 7 août à Narva; au nord-est un détachement de troupes de débarquement occupe Cista-Palkino; la mission particulière du corps de l'ouest est la suivante :

Attaquer résolument le corps ennemi qui couvre la capitale, le mettre en déroute avant l'arrivée des renforts qu'il attend, et le rejeter de Pétersbourg.

COMPOSITION DES CORPS.

Corps de l'est. — La 1re division d'infanterie de la garde, 16 bataillons; 1 bataillon formé de détachements fournis par les écoles militaires; 1 bataillon de sapeurs; 1 bataillon de sapeurs de grenadiers; la brigade de tirailleurs de la garde, 4 bataillons; l'école des younkers de Saint-Pétersbourg, 1/2 bataillon; les 147e et 148e régiments d'infanterie, 8 bataillons; l'école de cavalerie de Nicolas, 1 escadron; la 1re division de cavalerie de la garde (chevaliers-gardes, régiment de la garde à cheval, cuirassiers de Sa Majesté l'Empereur, cuirassiers de Sa Majesté l'Impératrice), 18 escadrons; l'escadron des cosaques de l'Oural de la garde; l'escadron de l'école d'officiers de cavalerie; l'école d'artillerie de Michel, 4 canons; la 1re brigade d'artillerie, 24 canons; la 22e brigade, 24 canons; la 1re brigade d'artillerie de réserve, 24 canons; les 1re et 4e batteries à cheval de la garde, 12 canons; le 2e parc de télégraphie militaire; en tout 31 bataillons 1/2, 21 escadrons et 88 canons.

Ces troupes, sous le commandement du général-adjudant baron Drisen, avec le général-major Argamakow, de la suite de Sa Majesté, comme chef d'état-major, occupaient au commencement des manœuvres les points suivants :

Avant-garde : 8 bataillons, dont 1 de sapeurs, 18 escadrons, 24 canons, le détachement d'héliographistes et le parc de télégraphie militaire à Krasnoë-Sélo.

Gros : 17 bataillons, 1 escadron et 40 canons à Tsarkoë-Sélo. Le 4e jour des manœuvres, l'échelon d'avant-garde du corps de secours, fort de 6 bataillons 1/2, 16 canons et 1/2 escadron arriva à Gattchino. 1/2 escadron des cosaque de l'Oural de la garde était détaché en observation à Oranienbaum.

Corps de l'ouest : la 2e division d'infanterie de la garde, 16 bataillons ; 1 bataillon de sapeurs ; une division mixte formée des 145e et 146e régiments d'infanterie et de 3 bataillons-cadres de réserve, en tout 11 bataillons ; la 2e division de cavalerie de la garde (grenadiers à cheval, uhlans, dragons, hussards, régiment mixte des cosaques de la garde), 24 escadrons ; la 2e brigade d'artillerie, 24 canons ; la 37e brigade d'artillerie, 24 canons ; les 5e et 6e batteries de la 23e brigade d'artillerie, 8 canons ; les 2e, 5e et 6e batteries à cheval de la garde, 18 canons ; le 1er parc de télégraphie militaire. En tout 28 bataillons, 24 escadrons et 74 canons.

Toutes ces troupes, sous le commandement du général-lieutenant Timoffiew, avec le général-major Masslow comme chef d'état-major, étaient ainsi réparties :

A. *La cavalerie* (avec l'artillerie à cheval), sous le

commandement du général-major Docktourow, avait son aile gauche (2 escadrons) au village d'Ounatitsüj, son centre (15 escadrons et 12 pièces) près du village de Lialitsüj, sur la Solka, son aile droite (6 escadrons et 6 pièces) au village de Poustomerja.

B. *L'infanterie*, 24 bataillons (à l'exception du 146e régiment de Tsaritzine), sous le commandement du général-major Lubowitski, de la suite de Sa Majesté, à Iambourg. Le 146e régiment de Tsaritzine avec 1 batterie montée et 1 escadron (4 bataillons, 1 escadron et 4 pièces), sous le commandement du colonel Grebenchtchikow, à Kaporié.

C. *L'artillerie* montée, sous le commandement des chefs de brigade respectifs, avait 1 brigade (la 2e de la garde, 24 pièces) au village d'Alekciiewa, 1 brigade (la 37e, 20 pièces) au village d'Opolié, 2 batteries de la 23e brigade (8 pièces) au village d'Iamskowitsüj.

Sa Majesté l'Empereur avait confié à S. A. I. le grand-duc Nicolas-Nicolaïéwitch, l'aîné, les fonctions d'arbitre suprême et avait désigné dans chaque corps un arbitre supérieur : le général-adjudant prince Barklay de Tolly pour le corps de l'est et le général-adjudant Kostand pour le corps de l'ouest. Ces officiers généraux avaient pour mission d'observer continuellement la marche des colonnes et d'assister à toutes les rencontres. Chaque soir ils devaient envoyer à S. A. I. le grand-duc leurs impressions sur la journée et leur appréciation sur l'organisation des services d'exploration, de sûreté et de liaison, sur l'envoi et la réception des ordres, sur les engagements, etc. De cette manière l'arbitre suprême était exactement renseigné chaque soir sur toutes les opérations de la journée. Parmi les arbitres qui assistaient les arbitres de corps se trouvaient les généraux-majors Chtadène, Orander, Chépélew, baron Fréedéricksz, Villanon. etc.

1re journée des manœuvres, 8 août (croquis nᵒ 1).

Conformément à l'ordre général des manœuvres, les opérations entre les partis opposés commencèrent le 7 août à 9 heures du soir par l'installation du service de sûreté et l'envoi au loin de patrouilles de cavalerie. Les avant-postes du corps de l'est se trouvaient sur la ligne Ropcha, Kipène, Kastino; ceux du corps de l'ouest sur la ligne Kaporié, Proujitsüj, Maloskovitsüj.

Dans le but de recueillir sur la force, les dispositions et les mouvements de l'adversaire des renseignements aussi complets que possible, la cavalerie d'avant-garde du corps de l'est reçut l'ordre de faire partir de Krasnoë-Sélo, le 7 août au soir, 6 patrouilles d'exploration, fortes chacune de 14 cavaliers et 1 sous-officier sous le commandement d'un officier. Leur rayon d'exploration était limité au nord par la grande route de Kaporié et au sud par le chemin de fer de la Baltique, soit un front de 33 verstes; dès le 8 ces patrouilles devaient rechercher le contact de l'ennemi; elles ne devaient pas se replier sur leurs régiments avant le 13 août. Jusqu'à cette date leur mission était d'observer et de suivre tous les déplacements de l'ennemi; elles devaient vivre sur le pays; du reste, les officiers chefs de patrouille avaient reçu avant leur départ des instructions très détaillées.

Chacun des régiments de cavalerie du corps de l'ouest avait de même envoyé deux patrouilles, chaque patrouille de la force d'un peloton commandée par un officier. Ces patrouilles devaient pousser leurs reconnaissances sur Klopitsüj et Kikéréno, Tèchekowo, Gamontowo et Bégounitsüj, Kipène, Cinnkowitsüj, Kaskowo, Antachi et Ropcha.

Les opérations commencèrent le 8 août à 7 heures du matin.

Pour gagner du terrain et du temps jusqu'à l'arrivée des renforts, le commandant du corps de l'est se décide à prendre l'offensive. L'avant-garde de cavalerie du général-adjudant prince Chakowskoï, composée de 12 escadrons, 12 pièces à cheval et d'un détachement d'héliographistes, reçoit l'ordre de se porter en avant et d'occuper le village de Bégounitsüj, débouché important de la route de Kaporié par où il faut s'attendre à voir arriver le détachement du colonel Grebenchtchikow; la cavalerie d'avant-garde doit, en outre, éclairer tout le pays compris entre le golfe de Kaporié au nord et la ligne du chemin de fer de la Baltique au sud.

Le gros de l'avant-garde est à Antachi derrière la cavalerie; il est placé sous les ordres du général-major Frèze et se compose de 8 bataillons (dont 1 de sapeurs), 12 canons, 1/2 escadron et du 2e parc de télégraphie militaire.

Le gros du corps de l'est, sous le commandement du général-lieutenant Danilow, est divisé en deux colonnes : la colonne de gauche, forte de 8 bataillons, 32 canons et 1/2 escadron, occupe le village de Kipène; celle de droite, forte de 9 bataillons, 16 canons et 1/2 escadron, est à Ropcha. Le demi-escadron des cosaques de l'Oural de la garde détaché à Oranienbaum doit dans la journée se rabattre sur Lopoukhinka d'où il éclairera la route de Kaporié.

Du côté du corps de l'ouest une partie des troupes se met en mouvement le 8 août à 7 heures du matin. Le gros de la cavalerie (14 escadrons et 6 pièces à cheval), sous les ordres du général-major Docktourow, se porte sur Gourlewa; il est flanqué à droite par un détachement (6 escadrons et 6 pièces à cheval) qui se dirige sur Poustomerja. Un autre groupe de 2 escadrons est envoyé à Ounatitsüj pour assurer la liaison avec le détachement du colonel Grebenchtchikow qui est à Kaporié.

L'avant-garde du corps de l'ouest, commandée par le général-major Lubowitzki (8 bataillons 3/4, 16 canons, 1/2 escadron et un détachement d'héliographistes), se porte derrière le gros de la cavalerie sur Gourlewa.

Le gros du corps est à Iambourg.

La 1re division de cavalerie de la garde (corps de l'est) s'avance à travers champs en suivant la direction de la grande route de Iambourg à Narva; la division est flanquée au nord par un escadron parti de Ropcha et qui se dirige sur Goloubowitsa par Gliadivo, Diatlitsüj, Kliacina, Chelkowo; au sud, par un autre escadron, parti de Kastino, se dirigeant sur Olkhowo par Jabino, Mouratowo, etc.

A 11 heures 1/2 du matin, 2 escadrons du régiment des chevaliers-gardes avec une section d'artillerie à cheval, formant la pointe de l'avant-garde de cavalerie du général-adjudant prince Chakowskoï, atteignent Bégounitsüj, où se trouvait déjà le grand-duc Nicolas-Nicolaïewitch. Vers 1 heure ils occu-

pent Tchirkowitsüj ; un demi-escadron pousse jusqu'à Kartchanüj à la poursuite d'une patrouille du
régiment de grenadiers à cheval chassée de Tchirkowitsüj. A 3 heures l'ordre est donné aux chevaliers-gardes de rétrograder sur Gamontowo, où ils
rejoignent les deux autres escadrons du régiment
qui y sont déjà installés.

Pendant ce temps le régiment de la garde à cheval
arrive à Bégounitsüj et commence aussitôt à élever
des retranchements pour les deux bataillons de
tirailleurs de la garde qui doivent venir occuper ce
village le lendemain. Les deux autres régiments de
la division (brigade de cuirassiers) s'installent à
Chelkowo.

Pendant cette première journée le gros de la cavalerie du corps de l'est avait fait 50 verstes environ
et son avant-garde 60, gagnant ainsi beaucoup de
terrain et s'emparant presque sans combat de Bégounitsüj et de Gamontowo.

Le même jour, à 7 heures 1/2 du soir, l'Empereur
et l'Impératrice descendaient de wagon à Brouda,
sur le chemin de fer de la Baltique, et par une pluie
battante qui n'avait pas cessé de tomber depuis
2 heures de l'après-midi, Leurs Majestés Impériales
gagnaient en voiture la métairie de Gamontowo, où
le quartier impérial resta installé jusqu'au 12 août.

Deuxième journée de manœuvres. — 9 août.

Le commandant du corps de l'est a appris par ses
reconnaissances de cavalerie que le gros des forces
ennemies a quitté Iambourg pour se porter vers l'est
par la grand'route de Narwa. Il se décide à continuer

sa marche en avant autant pour soutenir sa cavalerie et forcer l'adversaire à déployer ses forces que pour s'assurer, en cas de retraite, des positions défensives à Tèchekowo, Kaskowo, Antachi et Gloukowa.

En conséquence, la cavalerie d'avant-garde du général-adjudant prince Chakowskoï (18 escadrons, 12 pièces de canon et le détachement d'héliographistes) reçoit l'ordre de se porter à 7 heures du matin sur Tchirkowitsüj et Kartchanüj pour déterminer définitivement la direction des colonnes de l'adversaire, tout en assurant la protection du flanc gauche du corps d'armée.

L'avant-garde du général-major Frèze (8 bataillons dont 1 de sapeurs, 12 canons et 1/2 escadron) doit occuper et fortifier la position de Tèchekowo et détacher en avant les 1er et 4e bataillons de tirailleurs de la garde avec 1 batterie pour occuper Bégounitsüj, mis en état de défense dès la veille, comme il a été dit ci-dessus, par le régiment de la garde à cheval.

La colonne de gauche du corps principal, sous le commandement du général-major Tchelichtchew, part de Kipène à 7 heures du matin pour atteindre Antachi par Vitino.

La colonne de droite (9 bataillons, 16 canons et 1/2 escadron) quitte Ropcha à la même heure pour suivre la direction Diatlitsüj, Kliacina jusqu'à Dobriatitsüj. Le 147e régiment de Samara et le bataillon des sapeurs de la garde sont chargés de relier les deux colonnes.

L'escadron des cosaques de l'Oural, en observation a Lopoukhinka, doit surveiller les mouvements de l'adversaire dans la direction du nord-est.

Le commandant du corps de l'ouest, informé par sa cavalerie du mouvement offensif du corps de l'est, prend à son tour la détermination de se porter en avant pour percer le rideau de cavalerie de l'adversaire et faciliter les mouvements du détachement du colonel Grebenchtchikow.

En conséquence, le gros de la cavalerie du général-major Dokhtourow (14 escadrons et 12 canons) reçoit l'ordre de se mettre en mouvement à 7 heures du matin et de s'avancer par la grand'route sur Kartchanüj. Il est flanqué à droite par un détachement fort de 6 escadrons et 6 pièces qui doit pousser jusqu'à Illechi; 1/2 escadron est laissé en observation sur la ligne du chemin de fer de la Baltique.

L'avant-garde, commandée par le général-major Lubowitzki, de la suite de Sa Majesté (8 bataillons 1/4, 16 canons et 1/2 escadron), est mise en marche à 7 heures 1/2 du matin se dirigeant sur Tchirkowitsüj; elle doit de là se rabattre sur Bouïanitsüj pour y passer la nuit.

Le détachement du colonel Grebenchtchihow (4 bataillons, 4 canons et 1 escadron) reçoit l'ordre de profiter des forêts marécageuses qui couvrent le pays pour filer de Kaporié sur Sista et de là sur Gouboubowitsüj et Karostowitsüj.

La cavalerie de liaison du colonel Basstrouïew (2 escadrons de uhlans), venant de Ounatitsüj par Sista doit arriver à Karostowitsüj à 10 heures 1/2 du matin.

Enfin, le gros du corps d'armée (15 bataillons 3/4, 36 canons et 1/2 escadron) sous le commandement du général-major Doloukhanow, doit se porter sur Ozertitsüj. 2 compagnies du 5e bataillon (cadre de réserve) sont laissées pour protéger la ligne du chemin de fer d'Iambourg.

L'avant-garde de cavalerie du général-adjudant prince Chakowskoï (corps de l'est) composée d'une brigade de la 1re division de cavalerie de la garde avec 1 batterie à cheval sous le commandement de l'aide de camp colonel Maximowitch, partie à 7 heures du matin, occupe rapidement Kartchanüj d'où elle chasse 1 peloton du régiment de hussards de Sa Majesté.

. A ce moment des hauteurs situées au nord de Proujitsüj une batterie à cheval ouvre le feu. Il est environ 9 heures du matin.

Le régiment de la garde à cheval et les chevaliers-gardes se déploient aussitôt et se lancent sur les hussards qui soutiennent la batterie. Il en résulte une brillante escarmouche de cavalerie. Mais les hussards sont bientôt soutenus par les grenadiers à cheval puis par les uhlans, et la 1re brigade de la 1re division de cavalerie est obligée de se retirer derrière Kartchanüj. A mi-chemin de Tchirkowitsüj, en avant d'un défilé boisé, l'aide de camp colonel maximowitch déploie de nouveau sa brigade sur une position bien choisie. Pendant ce temps les cuirassiers de Sa Majesté se sont rapprochés; ils sont soutenus par la 4e batterie de la brigade d'artillerie à cheval de la garde.

3 escadrons de ce régiment avec 2 canons sont envoyés de Tèchekowo pour protéger le flanc gauche de la division de cavalerie et dirigés par Négoditsüj sur Galiatitsüj, 1 escadron des cosaques de l'Ataman, qui avait bivouaqué à Tchirkowitsüj, etait déjà arrivé à Galiatitsüj. Un autre escadron de cosaques, soutenu par le 4e escadron du régiment de cuiras-

siers de Sa Majesté, reçoit en même temps l'ordre d'occuper Mistanowo. Ces 2 escadrons observeront les routes de Kaporié et de Sista, et chercheront à entraver la marche de l'adversaire de ce côté.

La cavalerie du général Dokhtourow (corps de l'ouest) poursuivant ses avantages, tente un mouvement tournant sur le flanc gauche de la division opposée. Ce mouvement réussit. L'adversaire serré de près par des forces supérieures est obligé d'abandonner successivement Galiatitsüj et Tchirkowitsüj. Les troupes qui occupaient ces deux villages durent s'établir un peu en arrière au carrefour de la grand'route et du chemin de Négoditsüj, et protéger de cette position la retraite des cuirassiers et du régiment de la garde à cheval.

Sa Majesté l'Empereur et Sa Majesté l'Impératrice assistèrent à cette manœuvre. Parties à 8 heures de Gamontowo, Leurs Majestés se dirigèrent sur Tchirkowitsüj. Après avoir visité l'ambulance établie dans ce village, Leurs Majestés montèrent à cheval pour se porter dans la direction de Kartchanüj. Elles restèrent en vue de ce village pour observer l'action engagée entre les deux cavaleries adverses. Suivant les péripéties de l'action, Leurs Majestés allèrent ensuite à Bouïanitsüj où se trouvaient les dragons de la garde avec 1 batterie.

Après avoir examiné les dispositions prises pour la mise en état de défense de ce village par les dragons qui avaient mis pied à terre et reçu les rapports sur la situation des partis et sur la manière dont la cavalerie du corps de l'est avait effectué sa retraite, Sa Majesté l'Empereur mit fin à la manœuvre de ce jour et retourna à Gamontowo.

Le 8 août, le télégraphe de campagne avait été établi dans le corps de l'est entre Kipène et Tèchekowo; dans le corps de l'ouest, entre Iambourg et Lialitsüj. Ces lignes furent prolongées les jours suivants, au fur et à mesure des mouvements des corps.

Le 10 août étant consacré au repos, Leurs Majestés employèrent cette journée à visiter les troupes dans leurs bivouacs et cantonnements, interrogèrent les hommes sur les incidents des journées précédentes et s'assurèrent de l'état des chevaux en visitant les piquets.

Le croquis n° 2 indique la situation respective des partis, le 10 août au soir.

Troisième journée de manœuvres. — 11 août.

Les mouvements opérés par les troupes du corps de l'ouest semblant faire présager une attaque générale par la route de Narwa, le commandant du corps de l'est, général-adjudant baron Drisen se décide, le 11 août, à suspendre sa marche en avant et à attendre l'attaque de l'adversaire sur des positions retranchées dans les bois de Bégounitsüj et Tèchekowo.

Il prend les dispositions suivantes :

Le rôle d'arrière-garde est confié aux troupes du général-major Frèze qui formaient l'avant-garde avant ce mouvement de retraite (8 bataillons, 12 canons et 1 escadron. Deux de ces bataillons, les 1er et 4e tirailleurs de la garde, avec 4 canons, occupaient depuis la veille, nous l'avons dit, le village de Bégounitsüj.

La colonne de droite du corps principal reçoit l'ordre, après avoir dépassé Kaskowo, de fortifier une position défensive choisie aux environs de ce village ; cette colonne est couverte à droite, à Chelkowo, par 1 bataillon d'infanterie, avec 2 canons et l'escadron des cosaques de l'Oural.

Colonne de gauche. — 2 bataillons du 147e régiment de Samara, avec 4 canons et 1 peloton de l'escadron de l'École de Nicolas, vont occuper Celletso ; les deux autres bataillons de ce régiment qui, on s'en souvient, reliaient les 2 colonnes pendant les journées précédentes, se joignent aux troupes de la colonne de droite pour coopérer aux travaux de défense autour de Kaskowo. Le reste des troupes de la colonne de gauche se porte en arrière pour mettre en état de défense la position d'Antachi.

La cavalerie du général-adjudant prince Chakowskoï (corps de l'est), reçoit l'ordre de pousser une pointe jusqu'à Tchirkowitsüj et Illechi, pour prononcer une attaque vigoureuse sur le flanc droit de l'adversaire, et reconnaître la force et la direction de ses colonnes. En même temps, cette cavalerie protégera le flanc gauche de son propre corps. En outre, un détachement de l'escadron de l'École d'officiers de cavalerie, sous le commandement du lieutenant-colonel Pétrowski, est mis à la disposition du général-adjudant Drisen pour renseigner cet officier général sur la composition des colonnes du corps de l'ouest et sur la direction de leurs mouvements.

Nous reviendrons plus loin sur la mission intéressante du détachement du lieutenant-colonel Pétrowski, et sur la méthode suivie par ses patrouilles volantes.

Le but à atteindre par le corps de l'ouest pendant la journée du 11, était le suivant : attaquer de front et de flanc l'arrière-garde de l'ennemi établie à Bégounitsüj, la couper du corps principal, qui d'après les renseignements fournis par les reconnaissances, est concentré aux environs de Kaskowo et commence à s'y fortifier.

En conséquence, la cavalerie du général Dokhtourow (17 escadrons et 12 canons), reçoit l'ordre de partir à 8 heures du matin et de se diriger par Bouïanitsüj, Paddoubié, Cmédowa et Artouchekina, sur Olkowo, d'où elle s'efforcera de prendre l'arrière garde ennemie de flanc et à dos.

L'avant-garde commandée par le général-major Lubowistki, de la suite de Sa Majesté, doit s'avancer sur la chaussée de Narwa et attaquer le front et le flanc gauche de l'arrière-garde ennemie. L'attaque sur le flanc droit et en même temps la poursuite enveloppante de l'arrière-garde sont confiées au détachement du colonel Grebenchtchikow qui, venant de Goloubowitsüj, doit, à hauteur de Bégoumtsüj, se diriger parallèlement à la grand'route, sur Tèchekowo, tout en observant sur son flanc gauche, le chemin de Cinkowitsüj, à Chelkowo.

Le gros du corps de l'ouest (15 bataillons 3/4, 1/2 escadron et 36 pièces), sous le commandement du général-major Doloukhanow, doit se diriger par Tchirkowitsüj, Paddoubié, Artouchekina, Olkowo, Klopitsüj, Mednîkowo, Mouratowo et Ojoguina, pour prendre de flanc et à revers la position de Kaskowo.

Vers 8 heures 3/4, l'avant-garde du général Lubowitski ouvre le feu sur Bégounitsüj, occupé par les 1er et 4e bataillons de tirailleurs de la garde et 2 batteries. Les flancs de cette position étaient extrêmement couverts. Aussi, après quinze minutes de combat, ce détachement commandé par l'aide de camp colonel Vassmundt, attaqué sur son front par des forces snpérieures et menacé sur ses flancs, est obligé de battre en retraite et de se retirer sur la position retranchée de Tèchekowo, où le général-major Frèze avait établi le gros de son arrière-garde. Mais la position de Tèchekowo est, à son tour attaquée de front et sur les deux flancs. Les 12 bataillons du général Lubowitski et du colonel Grebenchtchikow enlèvent la position et le général Frèze se retire avec son arrière-garde. Il est recueilli a temps par les troupes du gros du corps de l'est fortement établies dans les environs de Kaskowo.

L'avant-garde victorieuse du corps de l'ouest poursuit sa marche en avant; elle se déploie devant le front et le flanc droit de la position de Kaskowo, et commence la préparation de l'attaque en attendant l'arrivée, à Celletso, du gros du corps qui doit attaquer le flanc gauche.

La marche des forces principales du corps de l'ouest était protégée, comme nous l'avons dit, par la cavalerie du général Dokhtourow. Grâce à sa mobilité et à son habileté à profiter du terrain, cette cavalerie avait eu l'avantage dans une série d'engagements avec la cavalerie ennemie, à Mouratowo et sur le chemin d'Artouchekina, à Klopitsüj. La marche du corps de l'ouest avait donc pu s'effectuer sans encombre. La colonne du général Doloukhanow put ainsi arriver à Celletso entre 2 et 3 heures de l'après-midi.

Mais l'attaque de la forte position de Kaskowo fut remise au lendemain, à cause de la fatigue éprouvée par les troupes de l'avant-garde qui avaient successivement livré plusieurs combats à l'arrière-garde ennemie ; du reste, les troupes de la colonne Dolou-kanow avaient eu une route longue et difficile à parcourir, et n'étaient pas moins fatigués. Arrivées sur le terrain à 9 heures du matin, Leurs Majestés suivirent en détail les manœuvres de cette journée.

Dans les deux combats livrés par l'arrière garde du général Frèze, à Bégounitsüj et à Tèchekowo, Sa Majesté l'Empereur se rendit compte des dispositions prises des deux côtés pour l'attaque et la défense de ces positions.

Sur la route de Tèchekowo à Kaskowo, Leurs Majestés assistèrent à une brillante attaque de cavalerie exécutée sur la 2e batterie de la 25e brigade d'artillerie, qui battait en retraite sur Kaskowo. Cette batterie n'avait pas encore eu le temps de se mettre sous la protection d'un soutien qui lui était envoyé de Kaskowo, quand elle fut inopinément assaillie sur la lisière d'un bois, par des uhlans qui la chargèrent sans désemparer. Elle eut cependant le temps de faire feu de deux pièces. Les arbitres ayant décidé que les uhlans devaient se retirer, ces derniers disparurent en un clein d'œil, mais ils renouvelèrent avec la même rapidité leur attaque qui, cette fois, aurait pleinement réussi sans l'arrivée de la compagnie de soutien, envoyée de Kaskowo, qui dégagea la batterie. L'attaque des uhlans exécutée sous les yeux de Leurs Majestés, reçut l'approbation de l'Empereur.

Sa Majesté parcourut ensuite en détail la position de Kaskowo, où plus d'une division d'infanterie et de 100 canons étaient retranchés. Après un examen minutieux de la position, l'Empereur décida que le corps de l'ouest était dans l'impossibilité de l'attaquer ce jour-là et, séance tenante, il indiqua sur la carte, la ligne de démarcation entre les deux partis. Leurs Majestés retournèrent ensuite coucher à Ropcha, où le grand quartier impérial fût installé pour les journées suivantes.

Reconnaissance des colonnes du corps de l'Ouest, par l'escadron de l'École d'officiers de cavalerie.

Comme nous l'avons déjà dit, l'escadron de l'École d'officiers de cavalerie avait été mis à la disposition du général Drisen, pour éclairer le commandant en chef du corps de l'Est sur la distribution des troupes du corps de l'Ouest, apprécier la force et la composition de ses colonnes et, en même temps, déterminer aussi exactement que possible, les divers cantonnements et bivouacs occupés par ces troupes pendant la nuit du 11 au 12 août, après la manœuvre du 11, en prévision des opérations du surlendemain 13 (le 12 étant jour de repos).

Pour accomplir cette reconnaissance à travers les colonnes ennemies, l'escadron de l'École ne devait pas franchir avant 8 heures du matin, le 11, la ligne des avant-postes du corps de l'Est (Ziabitsüj, Gamontowo, Artouchekina, Tériplitsüj).

En conséquence, d'après les renseignements recueillis précédemment sur l'ennemi, il est décidé que l'escadron de l'École sera rassemblé à 7 heures 1/2 du matin dans la forêt située au nord de Ziabitsüj, de manière à franchir la ligne des avant-postes ennemis à 8 heures, et à commencer la reconnaissance par l'aile gauche du corps d'armée opposé; il devra ensuite se glisser entre les colonnes en mouvement et en passant derrière celles-ci venir se rabattre sur l'aile droite du corps de l'Ouest. (Le croquis n° 3 indique l'itinéraire suivi par le gros de l'escadron de l'École et la marche des patrouilles détachées).

L'escadron de l'École, dont un peloton est commandé par S. A. I. le grand-duc Pierre Nicolaïéwitch, sous les ordres du lieutenant-colonel Pétrowski, quitte son bivouac de Tèchekowo à 5 heures du matin; à 7 heures 1/2 il arrive sur la lisière de la forêt, située au nord de Ziabitsüj, et fait une halte jusqu'à 8 heures. En passant à Cinnkowitsüj le lieutenant-colonel Pétrowski détache une patrouille de 8 officiers sur Mestanowa, Rakoulitsüj et Goloubowitsüj; sa mission est de reconnaître les bivouacs occupés par le détachement du colonel Grébenchtchikow et de masquer en même temps les mouvements du gros de l'escadron.

Après une inspection attentive de la ferrure, du harnachement et du paquetage, l'escadron se remet en marche juste à 8 heures et suivant la lisière de la forêt au nord de Téglitsüj, il arrive à la ferme de Vouaçowa. Pour gagner le village de Rakoulitsüj il évite de prendre le chemin le plus direct à cause des uhlans ennemis qui sont en nombre dans le voisinage à Mestanowa.

Pendant sa marche l'escadron observe les plus grandes précautions; s'il rencontre des villages il les contourne et les fait reconnaître par de petites patrouilles; la pointe fouille tous les bois et les plis de terrain; des vedettes sont poussées au loin pour protéger les haltes.

Arrivé à hauteur du village de Rakoulitsüj et sans franchir la lisière de la forêt qui s'étend au nord du village, le lieutenant-colonel Pétrowski fait une halte et détache une patrouille de 17 cavaliers, sous le commandement de S. A. I. le grand-duc Pierre Nicolaïéwitch. Cette patrouille doit traverser Rakoulitsüj et se glisser entre les villages de Gaoloubowitsüj et Gamontowo, pour suivre de très près tous les mouvements du détachement du colonel Grebenchtchikow et de l'avant-garde du général-major Lubowitski. Formant une sorte de réseau derrière les colonnes ennemies, elle s'attache aux pas de l'adversaire ; en cas de retraite les mailles s'élargissent, tout le monde se disperse pour se retrouver à un point de rassemblement donné en forêt près de Karostowitsüj.

Le grand-duc Pierre doit envoyer des rapports au général Frèze commandant l'avant-garde du corps de l'Est au delà de Tèchekowo ; il doit en adresser également au commandant de l'escadron de l'École au moyen d'un poste de correspondance laissé à Karostowitsüj.

Afin que l'ennemi perde la trace de l'escadron et des patrouilles qui voltigent autour de lui, on prend les précautions suivantes en prévision de la capture des ordonnances : les cavaliers employés à la transmission des rapports sont porteurs de dépêches donnant de fausses indications sur la direction suivie par l'escadron et de faux renseignements sur le corps de l'Est ; en cas de prise imminente par l'ennemi, ils doivent anéantir les rapports et ne conserver sur eux que les fausses dépêches.

Après l'envoi de la patrouille commandée par le

grand-duc Pierre, l'escadron continue sa marche par Rakoulitsüj sur Karostowitsüj où il fait une halte de 10 minutes; il repart à 9 heures et prend la route de Bouïanitsüj. A ce moment on entendait la canonnade du côté de Begounitsüj.

Arrivée près de la grande route de Narva la pointe de l'escadron signale sur la chaussée de nombreux bagages qui débouchent de Tchirkowitsüj, accompagnés par une faible escorte de cavalerie. Une patrouille commandée par le rothmistre Cicitski est alors envoyée sur Gamontowo à travers la forêt qui longe la grande route; le rothmistre Cicitski cherchera là la patrouille du grand-duc Pierre, se joindra à elle et continuera de concert à observer de près les colonnes ennemies; il détache lui-même une petite patrouille dans la direction de Brizgowo pour se relier au lieutenant-colonel Pétrowski.

Par suite de l'envoi de ces diverses patrouilles l'escadron de l'École ne comprenait plus guère que deux pelotons avec lesquels le lieutenant-colonel Pétrowski traverse la grande route et se dirige rapidement au sud par Bouïanitsüj. Il reconnaît que ce village est encombré par les convois de la 2e brigade de la 2e division de la garde, par ceux du 145e de ligne et de l'artillerie. C'est là que lui parvient le premier rapport du grand-duc Pierre Nicolaïewitch; Son Altesse Impériale en avait déjà envoyé un au général Frèze sur les mouvements de la colonne Grebenchtchikow et de l'avant-garde du général Lubowitski.

Le lieutenant-colonel Pétrowski, de son côté, réussit à se procurer auprès des habitants des renseignements précis sur la marche de toute la cavalerie ennemie et d'une portion considérable de son infanterie dans la direction d'Olkhowo, par Artouchekina. Ces renseignements sont, du reste, bientôt confirmés par une patrouille de cuirassiers du corps de l'Est, rencontrée dans la forêt entre Stoïguina et Vernitsüj.

A ce moment une petite patrouille d'officiers, envoyée sur la grande route de Narwa, s'empare d'une station télégraphique de l'ennemi et simule la destruction des appareils et des fils.

Après avoir reconnu la route suivie par le gros du corps de l'Ouest (Artouchekina et Olkhowo), le lieutenant-colonel Pétrowski cherche à filer par le plus court chemin entre cette route et la chaussée de Narwa en se dirigeant de Bouïanitsüj sur Ctoïguina, Vernitsüj, Proud et Brizgowo. Il envoie dans ce dernier village une patrouille d'officiers pour se relier au grand-duc Pierre et au rothmistre Cicitski ; il leur fait donner un nouveau point de rassemblement en forêt, au sud-est de Bégounitsüj.

L'escadron se dirige ensuite à travers bois sur Kouïlowa. Après avoir franchi le chemin de Klopitsüj à Techekowo, il s'arrête pour observer les mouvements de la réserve du corps de l'Ouest (infanterie et artillerie) qui suivait précisément ce chemin pour gagner Kempolowo. Laissant filer, sans être aperçu, les troupes ennemies, l'escadron reste caché dans la forêt située entre Kouïlowa et Kandakoulia. La pointe seule continue la marche par le chemin boisé de Kempolowo ; elle évite une reconnaissance de quelques officiers d'état-major du corps de l'Ouest engagée sur ce chemin, et réussit à reconnaître les bivouacs de la cavalerie ennemie établis près de Kempolowo.

L'escadron reprend bientôt sa marche à travers bois, rencontre le chemin de Klopitsüj à Kempolowo, le traverse rapidement et gagne la lisière de la forêt au nord de Kandakoulia pour se porter sur Celletso. Mais la pointe rend compte que Celletso est occupé par l'ennemi. Le lieutenant-colonel Pétrowski oblique aussitôt à gauche et s'avance dans les bois situés entre Kempolowo et Kaskowo, résolu à piquer droit sur Kaskowo pour rallier le corps de l'Est.

L'épaisse forêt qui s'étend à l'ouest de Celletso et de Clobodka favorise cette marche hardie; de la lisière, le lieutenant-colonel Pétrowski peut encore reconnaître les mouvements de concentration des troupes du corps de l'Ouest autour de la position de Kaskowo et l'emplacement de leurs bivouacs à Celletso et à Clobodka; puis prenant par Routelitsüj il arrive avec le gros de son escadron à Kaskowo où, comme on le sait, le corps de l'Est s'était retranché.

L'ordre est aussitôt envoyé aux divers détachements et patrouilles d'officiers de se rassembler à Bégounitsüj et de gagner Dobriatitsüj par les chemins les plus courts.

Le lieutenant-colonel Pétrowski adresse immédiatement son rapport au général-adjudant baron Drisen, commandant du corps de l'Est, et lui fait connaître tous les renseignements qu'il a recueillis sur la disposition des troupes ennemies autour de Kaskowo, sur la force et la composition de ses colonnes et l'emplacement de ses bivouacs.

Le grand-duc Pierre Nicolaïewitch adresse directement à S. M. l'Empereur les rapports des patrouilles de reconnaissance distinctes qu'il a conduites.

Le lieutenant-colonel Pétrowski ramena le gros

de son escadron coucher à Dobriatitsüj où il arriva à 5 heures; le détachement du grand-duc Pierre et les autres patrouilles y arrivèrent à 8 heures du soir.

L'escadron de l'École avait ainsi parcouru dans cette journée de 70 à 80 verstes, avec quelques courts repos, dont deux seulement d'une demi-heure chacun.

La situation des partis le 12 août au soir est indiquée par le croquis n° 4.

4e journée de manœuvres.

Pendant la journée du 13 août le corps de l'Est, poursuivi énergiquement par le corps du général-lieutenant Timoffiew, continue sa marche en retraite.

Toutes les forces du corps de l'Ouest sont concentrées, comme nous l'avons vu, autour de la position de Kaskowo.

Le général-adjudant baron Drisen voit son flanc gauche principalement menacé; cherchant surtout à éviter les engagements décisifs jusqu'à l'arrivée de ses renforts, il donne l'ordre à son corps de battre en retraite, en arrêtant l'ennemi, comme pendant les journées précédentes, sur des positions retranchées. Il prend les dispositions suivantes pour protéger son mouvement de retraite :

Le corps de l'Est sera flanqué : à droite, par un détachement de 1 bataillon, 4 canons et 2 escadrons sous le commandement de l'aide de camp, colonel Vassmundt, qui suivra la direction Kliacina, Valosowa pour garder le terrain compris entre Kipène et Gliadino; à gauche, par le détachement du général-adjudant prince Chakowskoï (4 bataillons, 20 canons et 17 escadrons), qui passera par Jabino et Tervolowo. L'arrière-garde du général Frèze (6 1/4 bataillons, 8 canons et 1 escadron) devra contenir l'ennemi sur les positions de Kaskowo, Antachi-Gloukhowa. Le gros du corps (14 bataillons, 40 canons, 1/2 escadron et le parc), sous le commandement du général-lieutenant Danilow, se mettra en marche à 8 heures du matin et marchera sur la grand'route ; quand il aura dépassé Kipène il prendra le chemin de Viçotskoë. A l'exception du gros, les autres détachements attendront que l'ennemi ait prononcé sérieusement son attaque pour commencer leur mouvement de retraite.

De son côté, le commandant du corps de l'Ouest donne les ordres suivants pour organiser la poursuite de l'adversaire : à gauche, la colonne Grebenchtchikow (4 bataillons, 12 canons et 1 escadron) attaquera de front à 8 heures du matin la position Kaskowo-Clobodka. Cette attaque sera soutenue par le gros de la cavalerie qui, débordant l'aile gauche du détachement Grebenchtchikow, menacera le flanc droit et les derrières de l'adversaire.

Au centre, le général Doloukhanow, commandant le gros du corps (13 3/4 bataillons, 28 canons et 1/2 escadron), mettra sa colonne en marche à 9 h. 1/2, continuera la poursuite de l'adversaire chassé de Kaskowo ; si l'ennemi s'arrête sur la défensive à Antachi, il attaquera le front et le flanc gauche de cette position.

La colonne du Sud ou de droite, sous le commandement du général-major Lubowitski et forte de 10 1/4 bataillons, 6 escadrons, 16 canons et 6 pièces à cheval, quittera Tèchekowo à 8 heures du matin, flanquant au sud la colonne du centre, se dirigera par Celletso et coopérera plus loin à l'attaque d'Antachi en menaçant fortement le flanc gauche et les derrières de l'ennemi battant en retraite.

La manœuvre de cette journée, conduite très vivement, fut remplie d'épisodes intéressants qui se produisirent des deux côtés (Voir les croquis n° 1 et n° 4).

A 8 heures du matin les forces du corps de l'Est commencent leur mouvement de retraite. Pour masquer ce mouvement, l'ordre est donné à l'arrière-garde du général Frèze, à Kaskowo, et au régiment de Samara, à Routélitsüj, de commencer dès 6 heures du matin à renforcer ces positions par des travaux de campagne.

Vers 9 heures du matin, la colonne Grebenchtchikow arrive en face de Kaskowo et se déploie. A ce moment le détachement de l'aile de camp colonel Vassmundt est assailli à Dobriatitsüj par toute la cavalerie du général Dokhtourow ; sa ligne de retraite est fortement compromise. Pendant ce temps, la colonne du centre du corps de l'Ouest (général Doloukhanow) prononce son attaque dans l'intervalle compris entre Routélitsüj et Kaskowo. Ces attaques combinées forcent le général Frèze à reculer sur sa deuxième ligne de résistance, à Antachi. La retraite de l'arrière-garde sur cette position est protégée par le détachement du général Gripemberg qui se retire de son côté par la route de Routelitsüj à Jabino et va prendre position au sud d'Antachi au carrefour du chemin d'Ojoguina à Antachi.

A ce moment la canonnade éclate du côté d'Ojo-

guina ; c'est la cavalerie du prince Chakowskoï qui
est. aux prises avec l'avant-garde du général Lubowitski. Sous la protection de son artillerie braquée
sur les débouchés des forêts du côté de Celletso et
d'Ojoguina, le prince Chakowskoï prend sa formation
de combat prêt à recevoir l'infanterie de l'adversaire
au moment où elle débouchera ; aussitôt que cette infanterie commencera à se déployer le prince Chakowskoï lancera sur elle sa cavalerie.

Cette démonstration, sur un terrain éminemment
favorable aux attaques brusques de la cavalerie, avait
grande chance de réussir ; le général Lubowitski n'en
attend pas l'effet, et renonce à attaquer Ojoguina ; il
fait rentrer ses troupes sous bois ; derrière ce rideau
il remonte au nord, et peut bientôt coopérer active-
ment à la poursuite de l'arrière-garde du corps de
l'Est.

Pressée de tous les côtés, l'arrière-garde du général Frèze qui, en réalité, aurait éprouvé de grandes
pertes, se fraie un chemin sur Vitino occupé et fortifié par le régiment Préobrajensky. Ce régiment se
déploie et marche sur l'adversaire au moment où il
débouche d'un bois ; il arrête le mouvement offensif
de l'adversaire, réussit à entraver la poursuite et
donne à l'arrière-garde du général Frèze le temps
de s'écouler. En même temps le régiment Séménowsky s'établit sur la position fortifiée de Gloukhowa. La manœuvre de cette journée s'arrêta là.
La colonne de gauche du général-adjudant prince
Chakowskoï était à ce moment à Péréiarovo, d'où
elle se dirigea sur ses bivouacs.

Leurs Majestés Impériales, parties le matin en voiture de Ropcha, à 8 heures, montèrent à cheval à

Antachi. Après avoir examiné les dispositions adoptées pour la défense de cette position sur laquelle l'arrière-garde du général Frèze devait se retirer, Leurs Majestés allèrent à Kaskowo. L'arrière-garde du corps de l'Est avait déjà commencé son mouvement de retraite; S. M. l'Empereur en suivit les premières phases. Pendant ce temps S. M. l'Impératrice, désireuse d'assister de plus près au combat que se livraient les deux cavaleries opposées, se dirigea sur Kliacina.

L'Empereur, de son côté, passa au corps de l'Ouest pour examiner d'abord l'attaque de la colonne de gauche et de la colonne du centre, puis celle de la colonne de droite, attaques combinées, comme nous l'avons vu, avec une vigoureuse démonstration au nord par le gros de la cavalerie du corps de l'Ouest.

Après le retour de l'Impératrice, Leurs Majestés gagnèrent par la grande route Vitino où venait d'arriver l'arrière-garde du corps de l'Est, serrée de près par le régiment des grenadiers à cheval. A Vitino et à Gloukowa Leurs Majestés examinèrent en détail les travaux défensifs exécutés par les régiments Préobrajensky et Séménowsky. Après avoir reçu à Gloukowa et examiné tous les rapports des opérations exécutées sur les autres points, S. M. l'Empereur arrêta la manœuvre et détermina la ligne de démarcation entre les bivouacs des deux corps.

Dernière journée des manœuvres.

Les opérations des journées précédentes ont suffisamment montré le plan suivi par l'assaillant et la direction dans laquelle il avait l'intention de frapper un coup décisif sur les troupes du corps de l'Est : s'appuyant sur le chemin de fer de la Baltique, se lancer avec le gros de ses forces dans l'intervalle compris entre Gattchino et Kipène, dans le but de rejeter l'adversaire du nord et de le couper des renforts qu'il attend (Croquis n° 5).

Examinons en deux mots la situation du corps de l'Est : pendant les deux premières journées de manœuvre il a gagné deux jours de marche sur l'ennemi ; pendant les deux journées suivantes il a été forcé de rétrograder, mais il a disputé le terrain pied à pied, chacun de ses mouvements de retraite a été marqué par un combat ; à la fin de la 4e journée il se trouve dans une excellente situation pour recevoir ses renforts. Jusque-là le général-adjudant baron Drisen a ménagé ses forces avec une extrême parcimonie, évitant toute action décisive pour chercher à conserver la supériorité numérique sur le corps de l'Ouest même jusqu'à l'arrivée des renforts, commandés par le général Procope, qui doivent déboucher du côté de Gattchino à la date du 14 et opérer leur jonction avec lui. A partir de ce moment son attitude va changer ; il se décide à mettre un terme à la vigoureuse offensive du corps de l'Ouest.

La position la plus favorable pour permettre au corps de l'Est de passer à son tour aux opérations offensives se trouvait dans les environs du village de Viçotskoë ; tout en occupant cette position, le général Drisen reconnaît la nécessité de s'étendre un peu plus au sud pour donner plus facilement la main à la colonne de secours du général Procope.

Dès le 13, au soir, le bataillon de sapeurs de grenadiers avait été envoyé à Viçotskoë et s'était mis aussitôt à fortifier le front de la position vers le sud-est.

Les ordres donnés aux troupes du corps de l'Est pour la journée du 14 étaient les suivants : la 1re brigade de la 1re division d'infanterie de la garde, commandée par le général-major Tchélichtchew de la suite de Sa Majesté, devait occuper avec deux pelotons de cosaques de l'Oural de la garde le village de Viçotskoë en débordant la position au nord.

La 1re brigade d'artillerie de la garde (24 pièces) et les 1re et 2e batteries de la 1re brigade d'artillerie de réserve (8 pièces), sous le commandement du général-major Hermès, devait garnir les retranchements couvrant Viçotskoë au sud. Le 147e régiment de Samara, avec 1/2 escadron de cuirassiers de Sa Majesté, devait prendre position au sud de l'artillerie.

La réserve générale (9 bataillons 1/2, 20 canons et 1/2 escadron), sous le commandement supérieur du général-lieutenant Danilow, se tiendra à Leppéléwo.

Un détachement de 4 bataillons, 8 canons et 2 escadrons, commandé par le général Maklakow, était détaché dans la direction de Gliadino pour couvrir le flanc droit de la position. Ce détachement était relié au gros du corps par 1/2 escadron de cosaques de l'Oural.

Le corps de secours du général Procope (6 1/2 bataillons, 16 canons et 1/2 escadron) devait quitter son bivouac de Rézina à 7 heures 1/2 du matin et s'avancer par Hélikazi pour former la gauche du front de combat du corps de l'Est.

La mission confiée au gros de la cavalerie du général-adjudant prince Chakowskoï, concentrée au village de Ckworitsüj était la suivante : tout en protégeant le flanc gauche du corps d'armée, couvrir l'entrée en ligne du détachement de secours, et ensuite opérer contre le flanc droit de l'adversaire pendant que celui-ci attaquera la position de Viçotskoë.

Le commandant du corps de l'Ouest, général Timoffiew, qui a appris que le corps ennemi est retranché sur la position de Viçotskoë va chercher à atteindre le but pour l'exécution duquel il a manœuvré jusqu'alors : séparer l'adversaire de son corps de secours et le rejeter au nord. Ses ordres pour la journée du 14 sont les suivants :

La colonne de gauche, commandée par le général-major Tenner (8 bataillons, 12 canons et 1 escadron), laissant une partie de ses forces sur la position fortifiée de Vitino pour garder la chaussée de Narva, se portera avec le reste de ses troupes sur Péréria-rowo d'où elle attaquera Tervolowo et Viçotskoë, masquant le mouvement tournant des colonnes de droite et du centre.

La colonne de droite (12 1/2 bataillons, 24 canons et 1/2 escadron) sous les ordres du général-major Lubowitski de la suite de Sa Majesté, devra marcher à 8 heures sur Néoutolowo et de là prononcer son attaque en deux colonnes : celle de gauche sur Ckvoritsüj par Kouïtousy, celle de droite sur le même objectif par Khémélia.

La mission de ces deux colonnes est d'attaquer à fond l'ennemi et de chercher à le rejeter au nord.

La colonne du centre (8 bataillons, 20 canons et

1/2 escadron), sous le commandement du général Doloukhanow, se dirigea sur Khémélia par Péréïa-rowo formant la réserve de la colonne de droite.

La cavalerie du général Dokhtourow (22 escadrons et 18 canons) reçoit l'ordre de se diriger par Pitkelewo sur Khémélia; 1 régiment et 1 batterie à cheval surveilleront les mouvements du corps de secours qui doit déboucher du côté de Gattchino; le reste de la cavalerie coopérera à l'attaque générale du corps de l'Est.

Mais à 9 heures 1/4 du matin le corps de secours du général Procope a déjà réussi à atteindre Kaïnela sans être inquiété; le général Procope envoie aussitôt 1 bataillon 1/2 renforcer les troupes qui occupent Viçotskoë et avec le reste de son détachement (5 bataillons et 12 canons) il va se joindre à la réserve générale du corps à Leppéléwo.

Vers 11 heures le canon se fait entendre du côté de Ckvoritsüj; ce sont les deux cavaleries adverses, soutenues par leur artillerie à cheval, qui se tâtent en avant de ce village. Un peu plus tard les défenseurs de Viçotskoë ouvrent le feu sur la colonne du général Tenner (colonne de gauche du corps de l'Ouest) qui débouche par la forêt située à l'ouest de Viçotskoë. Au fur et à mesure que les troupes du général Tenner se déploient sur la lisière de la forêt, le combat engagé d'abord par une partie de la 1ᵣₑ brigade de la 1ᵣₑ division d'infanterie de la garde devient plus vif. L'assaillant se heurte au village de Viçotskoë, et devant l'énergie de la défense son attaque n'est pas couronnée de succès. La mission du général Tenner n'est pas de s'engager à fond; il renouvelle son attaque, mais mollement. Ces attaques décousues ne tardent pas à éclairer l'adversaire sur le rôle purement démonstratif de cette colonne.

Du reste les rapports des observateurs placés dans les clochers et des patrouilles les plus avancées révèlent bientôt le mouvement tournant du corps de l'Ouest dans la direction de Ckvoritsüj.

Aussitôt la cavalerie du corps de l'Est reçoit l'ordre de couvrir le flanc gauche du corps en se portant à l'est de Ckvoritsüj, de manière à menacer le flanc droit et les derrières de l'adversaire.

A 2 heures environ la colonne de droite et les colonnes du centre du corps de l'Ouest débouchent en même temps de la forêt située au sud de Viçotskoë pour se déployer et déborder le flanc gauche de la position. Mais ce mouvement présente des difficultés d'exécution devant un adversaire prêt à passer à l'offensive.

Le général-adjudant baron Drisen suit attentivement les phases du combat; il fait peu à peu resserrer son front et rapprocher ses réserves. Le moment est propice pour prendre l'offensive. Le général Drisen voit l'ennemi s'affaiblir à l'attaque de ses positions fortifiées; au moment où l'adversaire développera son aile droite pour tourner Viçotskoë à gauche, il va fondre sur lui avec toutes ses forces.

Vers 3 heures le corps de l'Est prononce son mouvement offensif. Le général-adjudant Drisen ne laisse que 3 bataillons sur la position de Viçotskoë pour résister aux attaques, plusieurs fois déjà repoussées, du général Tenner (colonne de gauche du corps de l'Ouest), et avec 28 bataillons il exécute une vigoureuse contre-attaque sur le front de l'ennemi, tandis

que la réserve générale forte de 14 bataillons et
32 canons (général-lieutenant Danilow) se lance
sur le flanc droit et les derrières de l'assaillant.
Quand ce mouvement combiné fut bien dessiné,
S. M. l'Empereur qui avait suivi toutes les péripéties de l'action depuis Péréïarowo jusqu'en avant
de Viçotskoë donne le signal général de la retraite.

Sa Majesté rentra ensuite au village de Viçotskoë
et exprima à S. A. I. le grand-duc Vladimir Alexan-
drowitch, commandant en chef, ainsi qu'aux commandants de corps, toute sa satisfaction pour la façon brillante dont ils avaient conduit ses troupes
pendant les manœuvres.

Les grandes manœuvres étaient terminées

OBSERVATIONS SUR LES GRANDES MANŒUVRES.

Transport de troupes en chemin de fer. —-Toute
l'infanterie du corps de l'Ouest a été transportée de
Krasnoë-Sélo à Iambourg, son point de concentration, par le chemin de fer de la Baltique, les 6 et
7 août.

L'infanterie de ce corps comprenait : la 2ᵉ division d'infanterie de la garde, le 145ᵉ régiment de No-
votcherkask, le bataillon-cadre de la garde, les 5ᵉ et
6ᵉ bataillons-cadres de réserve, le 1ᵉʳ bataillon de sapeurs, plus le parc de télégraphie militaire de campagne et les états-majors, en tout 334 officiers,
8008 hommes, 418 chevaux, 273 voitures. Le transport de ces troupes ne modifia en rien le mouvement
habituel des trains sur la ligne de la Baltique; il fut

effectué en 6 trains et avec beaucoup d'exactitude, malgré les difficultés que présentait la gare de Krasnoë-Sélo pour les embarquements militaires. On employa en tout 12 wagons ordinaires, 120 wagons aménagés, 35 wagons à chevaux, 40 trucs et 12 wagons à bagages. Chaque train comprenait 30 à 35 voitures.

Cavalerie. — Les arbitres ont pu constater que la plupart des fautes commises pendant les manœuvres préparatoires se sont reproduites bien plus rarement pendant les grandes manœuvres. La cavalerie a donc beaucoup travaillé, elle s'est perfectionnée, mais malgré ses progrès remarquables elle a encore à travailler dans l'avenir. Cela tient aux nombreuses difficultés du rôle qu'elle a à remplir en temps de guerre et à la multiplicité de ses devoirs avant, pendant et après le combat.

Pendant ces manœuvres la cavalerie a fait une étude très profitable des services de liaison, d'exploration et de découverte au milieu des forêts qui couvraient le théâtre des opérations. Il est vrai que l'application de ces services devient bien plus difficile sur les terrains boisés, mais c'est une très bonne école ; la cavalerie y acquiert d'excellentes qualités. Pour une cavalerie exercée à remplir dans les bois les différents services qui lui incombent, le terrain ordinaire n'offre plus aucune difficulté. Le cavalier qui ne se perd pas dans les bois peut aller, pour ainsi dire, les yeux fermés en plaine.

Loin d'éviter les forêts, la cavalerie devra donc plutôt les rechercher, tout en prenant toutes les précautions exigées par leurs côtés dangereux. Du reste, la cavalerie qui doit agir dans le sens de la largeur, n'a pas toujours le choix des routes; les bois ne doivent donc pas l'arrêter.

La marche des masses de cavalerie sur une seule colonne est, en général, contraire à la nature de cette arme. On peut poser ce principe : *se mouvoir séparément et attaquer ensemble*. Plus la cavalerie est nombreuse, plus le rayon de son action doit être grand, tout en subordonnant les dimensions du front et de la profondeur à la condition essentielle de la découverte opportune de l'ennemi et de la concentration rapide de la masse sur le point menacé.

Les renseignements les plus précis et les plus exacts sur les intentions de l'adversaire, sur la composition et la direction de ses colonnes ne peuvent s'obtenir que par la force en balayant, sur le point visé, tout ce qui dérobe l'adversaire, en perçant le rideau qui le cache. Il est bon de faire entrer en ligne de compte dans les opérations de découverte le nombre d'escadrons qu'on lance en avant, de s'assurer, si c'est possible, la supériorité numérique; mais la mobilité, la hardiesse et l'habileté des cavaliers priment ce premier point. Une cavalerie bien entraînée et brave ne devra jamais se laisser cerner; elle doit s'étendre en largeur pour tout voir et profiter de sa mobilité pour être là où on l'attend le moins.

Si la mobilité est le propre de la cavalerie, il est de la plus haute importance cependant de ne pas trop demander à cette qualité maîtresse et de savoir la régler par une judicieuse répartition des heures de travail et de repos, d'après le nombre d'escadrons que l'on a à mettre en mouvement.

Pour les grandes masses de cavalerie, notamment,

le calcul des étapes à parcourir en pays ennemi doit être établi en tenant compte du travail supplémentaire qui est imposé aux différents détachements chargés du service de protection et de découverte, pour bien remplir leur mission en avant et sur les flancs. Généralement, en supposant réunies toutes les conditions favorables à une bonne marche, une route de 50 verstes ne paraît pas devoir surpasser les forces d'un corps important de cavalerie. L'allure moyenne de 7 verstes à l'heure est un minimum au-dessous duquel il ne faudrait pas descendre, à moins de circonstances très défavorables.

En se basant sur ce chiffre et en faisant une grande halte de 3 heures et deux haltes de 1/2 heure, on voit que la cavalerie aura encore 14 heures de repos au gîte.

Artillerie à cheval. — L'artillerie à cheval a donné lieu, pendant ces manœuvres, à des observations très instructives, malgré les difficultés d'action de cette arme en combinaison avec la cavalerie.

Suivant pas à pas la cavalerie, l'artillerie à cheval ne fût arrêtée par aucun obstacle et ne laissa échapper aucune occasion de seconder la cavalerie. Dans la période préparatoire des manœuvres on avait eu à relever quelques fautes légères de tactique ; la cavalerie était répartie d'une façon défectueuse, soit en avant, soit derrière les batteries. Ces fautes ne se reproduisirent plus pendant les grandes manœuvres.

La cavalerie ne doit jamais entraver les mouvements de l'artillerie à cheval ; celle-ci, sans attendre d'ordres particuliers, choisit ses positions pour préparer et poursuivre le succès des attaques des masses de cavalerie.

Dans les retraites, surtout dans les retraites ordonnées tardivement, quand l'ennemi enhardi précipite sa poursuite, c'est alors que l'artillerie à cheval est appelée à rendre les plus grands services à la cavalerie. Quand les masses de cavalerie sont culbutées et serrées de près, c'est une question d'honneur pour l'artillerie de se sacrifier pour arrêter l'ennemi, donner le temps à la cavalerie de se reformer, de faire volte-face et d'attaquer l'ennemi à son tour. Il ne saurait être question ici pour l'artillerie de la perte de ses pièces; dans ces circonstances ce ne serait pas une honte pour elle. La question primordiale est de sauver 2, 3 mille chevaux, plus peut-être. Le salut de toute cette cavalerie peut exiger de l'artillerie la nécessité douloureuse de perdre ses pièces. Mieux vaut encore perdre quelques pièces (non sans espoir de les reprendre à l'ennemi) que de les perdre elles et toute la cavalerie.

Infanterie. — Les marches de retraite exécutées pendant ces manœuvres et les combats d'arrière-garde doivent particulièrement attirer l'attention. On a vu que pendant les 3e et 4e journées de manœuvre, le corps de l'Est avait progressivement rétrogradé dans la direction de Krasnoë-Sélo en arrêtant l'adversaire sur une suite de positions d'arrière-garde, dont le caractère était le plus souvent un front très fort et des flancs extrêmement faibles, à cause des forêts avoisinant et débordant ces derniers.

L'occupation de ces positions exigeait une répartition relativement faible des forces sur le front renforcé par des travaux de fortification rapides et l'emploi du reste des troupes, en gardant une réserve suffisante, à l'occupation des bois à proximité pour en garder les débouchés de manière à arrêter les mouvements tournants de l'ennemi.

En règle générale, quand le défenseur se couvre par des retranchements, c'est pour suppléer à l'infériorité numérique; en occupant faiblement ces retranchements, ses réserves disposent d'une grande liberté d'action pour exécuter, au moment opportun, des contre-attaques soudaines sur l'ennemi, comme cela s'est produit à la fin du combat du 14 août en avant de la position de Viçotskoë.

On a reconnu pendant les manœuvres la nécessité d'adjoindre aux colonnes et détachements d'infanterie, marchant isolément, un nombre suffisant de cavaliers pour assurer la liaison. La présence même d'un ou plusieurs officiers de cavalerie pour les colonnes importantes serait très profitable. Les commandants de colonne ou de détachements trouvent dans ces cavaliers des auxiliaires précieux pour entrer en communication rapide avec les colonnes voisines.

On a eu occasion de constater, dans des attaques inopinées de l'infanterie par de la cavalerie, combien il est nuisible de se servir de longs commandements pour faire exécuter les feux. Chacun de ces commandements a son importance ; ils concourent à la qualité du feu, mais contre la cavalerie, la vitesse d'exécution est non moins importante, et dans bien des cas, il y aurait avantage, pour arrêter l'élan de la cavalerie, à simplifier ces commandements.

Artillerie. — En ce qui concerne l'artillerie, on peut dire que son rôle est de mieux en mieux compris. C'est, en effet, dans le sens de son union intime avec les autres armes que son instruction est dirigée. L'artillerie doit surtout soutenir l'action de sa camarade de combat, l'infanterie, et souvent se sacrifier pour elle. Grâce à la puissance balistique de son armement, l'artillerie peut causer de grands ravages dans les rangs ennemis, tout en restant en dehors de l'action efficace du feu de l'infanterie. Mais, après la préparation de l'attaque, dans ce moment critique du combat où tous les efforts de l'assaillant et du défenseur sont poussés jusqu'à leur dernière limite, il est indispensable que, sinon toute l'artillerie, du moins une partie suive l'infanterie et entre avec elle dans la zone des feux à distance rapprochée.

Génie. — Le service du génie a été remarquablement dirigé. Des troupes du génie ont fortifié sur la route de Narva depuis Bégounitsüj jusqu'à Viçotskoë toute une série de positions défensives ; celles de Kaskowo et de Viçotskoë sont surtout à signaler. Au point de vue technique, les ouvrages exécutés par les sapeurs du génie sont à l'abri de toute critique. Le seul *desideratum* à exprimer, c'est que l'instruction des troupes du génie soit moins fermée, c'est-à-dire qu'au point de vue du combat il y ait plus de liaison entre elles et les troupes des autres armes.

Du reste, la solidarité entre les troupes de toutes armes est une condition de succès ; quand ce noble sentiment est ancré dans le cœur de chaque soldat, il n'y a plus, dans l'armée, que des camarades de combat prêts à se soutenir mutuellement pour supporter les fatigues de la guerre et affronter les dangers de la bataille.

Paris. — Imprimerie L. BAUDOIN et Cⁱᵉ, rue Christine, 2.

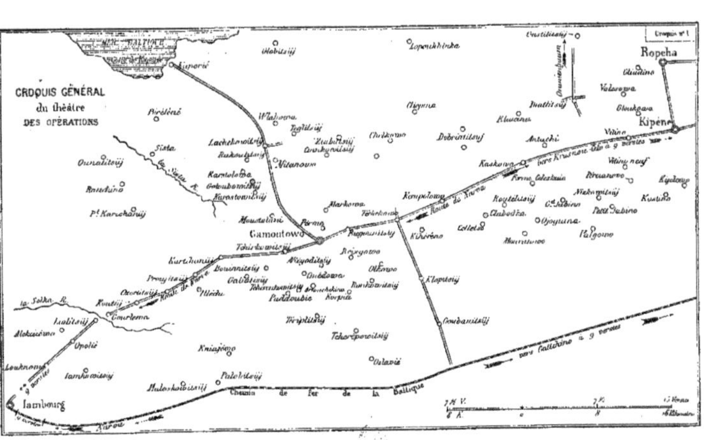

CROQUIS GÉNÉRAL
du théâtre
DES OPÉRATIONS
Croquis n° 1
MER BALTIQUE
Golfe de Kaporie
Kaporié
Mobitsij
Lopoukhinka
Oustilissaij
Orananbaum
Ropcha
Piréléné
Wlahowa
Inatitsij
Claudino
Valovowa
Teglitsij
Gloukgava
Kipéne
Lachehoroitsij
Ziabatsij
Chikovo
Antatchi
Vitino
Rukoutstanij
Onakgovitsij
Vilanowm
Kluvana
Dobrintlsuj
Sista
Vitiny nouf
Ounalitsij
Karaloba
Gotoubornitsij
Markova
Kaskovo
vers Krasnoe Selo à 9 verstes
Braanvo
Kyalonp
Rendino
Pt Karchanij
Karastovnitsij
Ferme Célestain
Roytelsoij
Nikovitsij
Kustino
Moustalini
Ferme
Kompolowo
Route de Narva
Ct Sabino
Petit Dubino
Gamoutowo
Tölerkava
Anbodka
Ojoyuna
Kalgovno
Tchirkovnitsij
Ruppervitsiy
Kihorino
Collolo8
Hurrstovo
Kartchanij
Niagoditsij
Rojegovo
Bouvnnitsiy
Guédowa
Otkovo
Promytsaij
Galibtsiy
Tchirnrutsanitsij
Doneskiwa
Randkavitsij
Klapusij
la Solka R.
Ocorotsij
Route de Narva
Uledu
Pakdoubie
Kovpna
Gonbanitsij
Koutij
Gmorlema
vers Callérine à 9 verstes
Izalitsij
Törsplitsij
Tchorporoitsij
Alokaiévna
Opolié
Kniapiozo
Oulaviè

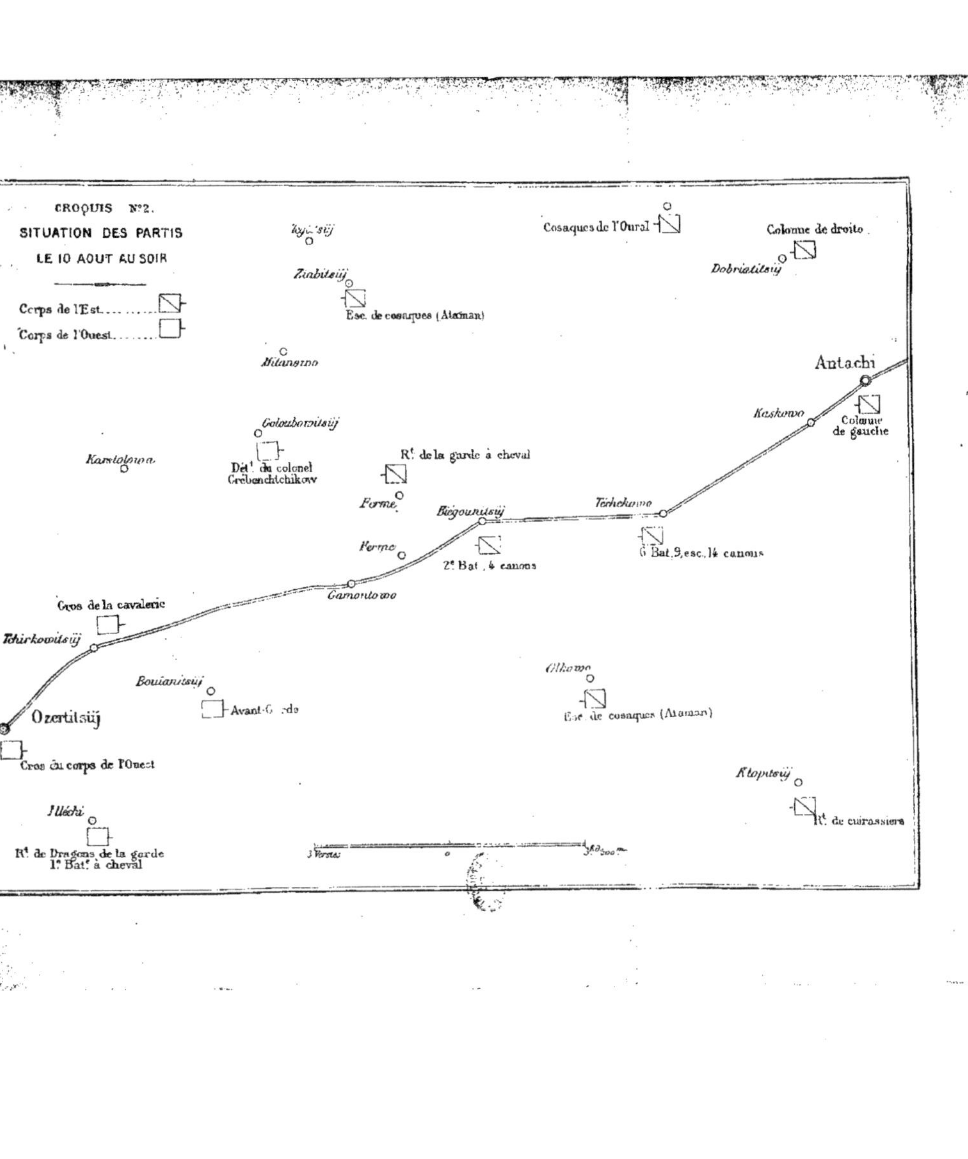
CROQUIS N°2.
SITUATION DES PARTIS
LE 10 AOUT AU SOIR
Corps de l'Est
Corps de l'Ouest
Cosaques de l'Oural
Colonne de droite
Dobriatitsüj
Zyr....süj
Ziabitsüj
Esc. de cosaques (Ataman)
Nitanozno
Antachi
Kaskowo
Colonne de gauche
Golouborvitsüj
Rt. de la garde à cheval
Karstolowa
Dét. du colonel
Grébenchtchikow
Forme
Forme
Biegounitsüj
Tchekowo
6 Bat. 9 esc. 14 canons
2e. Bat. 4 canons
Gros de la cavalerie
Gamontowo
Tchirkowitsüj
Boujanitsüj
Olkowo
Avant-Garde
Esc. de cosaques (Ataman)
Ozertitsüj
Gros du corps de l'Ouest
Ktoptsüj
Rt. de cuirassiers
Illéchi
Rt. de Dragons de la garde
1e. Bat. à cheval
3 Verstes
0
1 Kilom 500 m

CROQUIS N° 3.
RECONNAISSANCE EXÉCUTÉE LE 11 AOÛT PAR L'ESCADRON DE L'ÉCOLE D'OFFICIERS DE CAVALERIE.
Marche du gros de l'escadron.
Marche des patrouilles détachées.
Vouaçowa
Halte d'une ½ heure
Téglitsïj
Ziubitsïj
Dobriatitsïj
Antache
8 heures du soir
Kaskowo
Rakoutitsïj
Mestanowa
Cinnkowitsïj
Routelitsïj
Clobodka
Karstolowa
Goloubowitsïj
Celletso
Kurostowitsïj
Grand-duc Pierre
Lachekowitsïj
Techekowo
5 heures du matin
Kempolowo
Halte de ¾ d'heure
Biegountitsïj
Grand'route de Narva
Markowo
Rothmistre Cicitsi
Gamontowo
Kouïlowa
Kundakoulia
Proud
Brizgowo
Negoditsïj
Mouratowo
Tchirkowitsïj
Bouïanitsïj
Vernitsïj
Halte d'une ½ heure
Coiguina
Klopitsïj
3 verstes
0
3 Kil. 200 m
L. Sonnet, sc

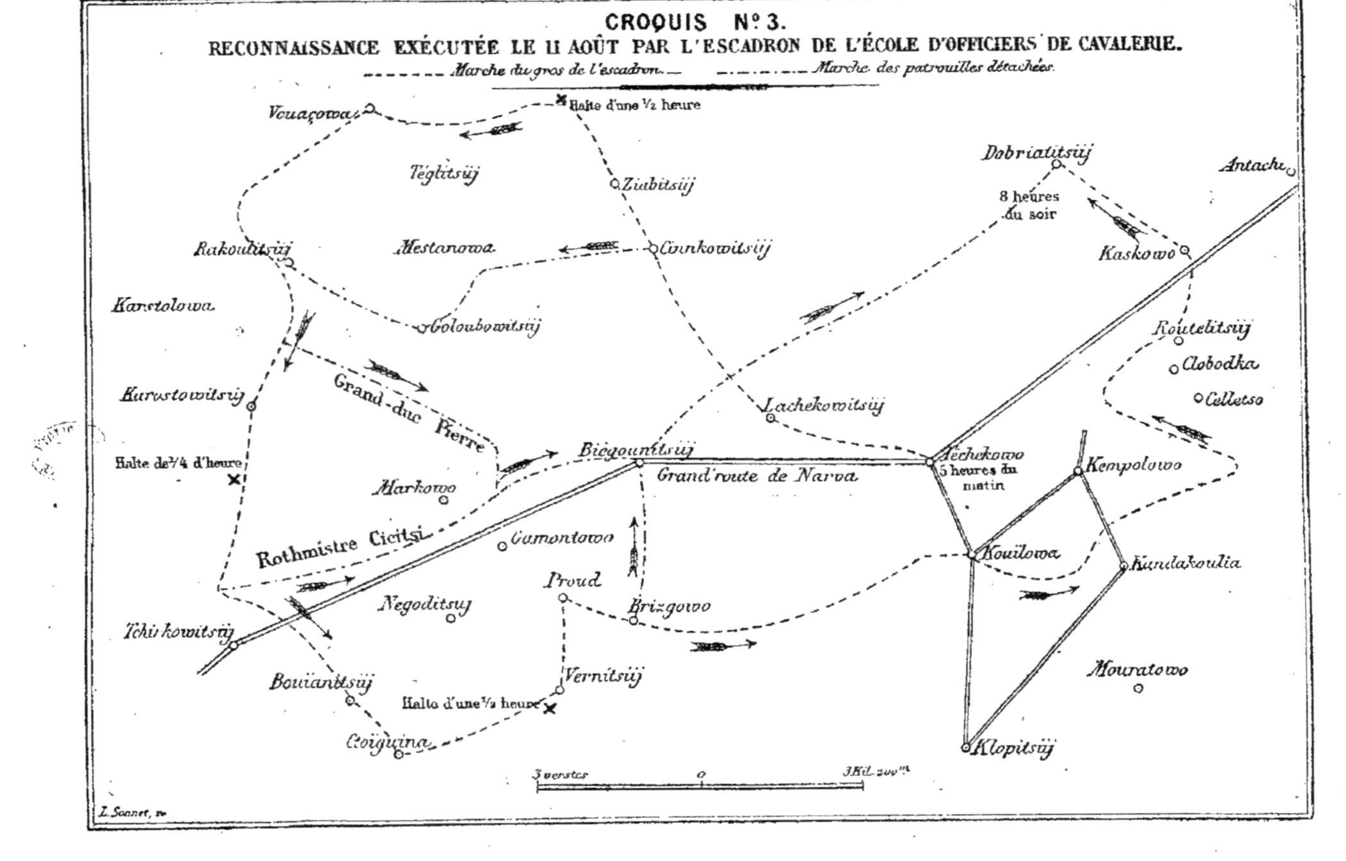

CROQUIS N° 3.

CROQUIS   N° 4
SITUATION DES PARTIS LE 12 AOÛT AU SOIR

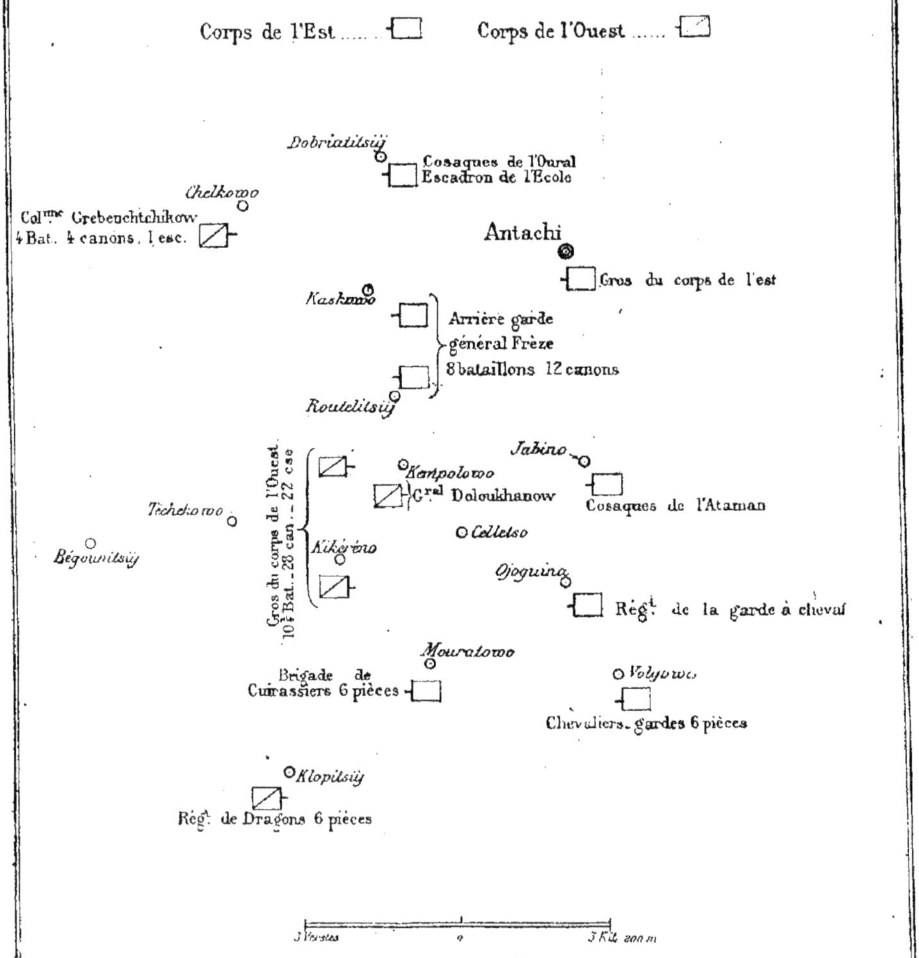

Corps de l'Est ..... □   Corps de l'Ouest ..... ◰

Dobriatitsiï
Cosaques de l'Oural
Escadron de l'Ecole

Chelkowo
Col.me Grebenchtchikow
4 Bat. 4 canons, 1 esc.

Antachi
Gros du corps de l'est

Kaskowo
Arrière garde
général Frèze
8 bataillons 12 canons

Routelitsiï

Gros du corps de l'Ouest
10 Bat. 28 can. 22 cse

Kanpolowo
Jabino
G.ral Doloukhanow
Cosaques de l'Ataman

Tichekowo
Colletso
Kikérino
Ojoguina
Rég.t de la garde à cheval

Bégounitsiï

Mouratowo
Brigade de
Cuirassiers 6 pièces

Volyowo
Chevaliers-gardes 6 pièces

Klopitsiï
Rég.t de Dragons 6 pièces

3 Verstes   0   3 Kil. 200 m

CROQUIS N° 5
DERNIÈRE JOURNÉE DES MANŒUVRES (14 AOÛT)
Gastilitsij
Gliadino
Ropcha
Krasnoë-Sélo
Valgsowa
Vicotskoie
Leppelewo
Diatlitsij
Gloukhowa
Helikaxy
Kliacina
Kipene
Kainela
Chelkowo
Vitino
Dobriatitsij
Antachi
Route de Narva
Tirvola
Qxoritsij
Kaskowo
Vitins neuf
Tervolowo
Konpolowo
Ferme Céleskaïa
Pereiarowo
Kizelewo
Routélitsij
Nixhuoitsij
Kustino
Petit Jabino
Tcchekowo
Klabodka
Gd Jabino
Celletso
Ojoguina
Kikhereno
Valgowo
Rexina
Mouratowo
Klopitsij
Gattchino
Chemin de fer de Varsovie
Goubanitsij
Chemin de fer de la Baltique
Jambourg
15 Verstes
15 Kilomètres

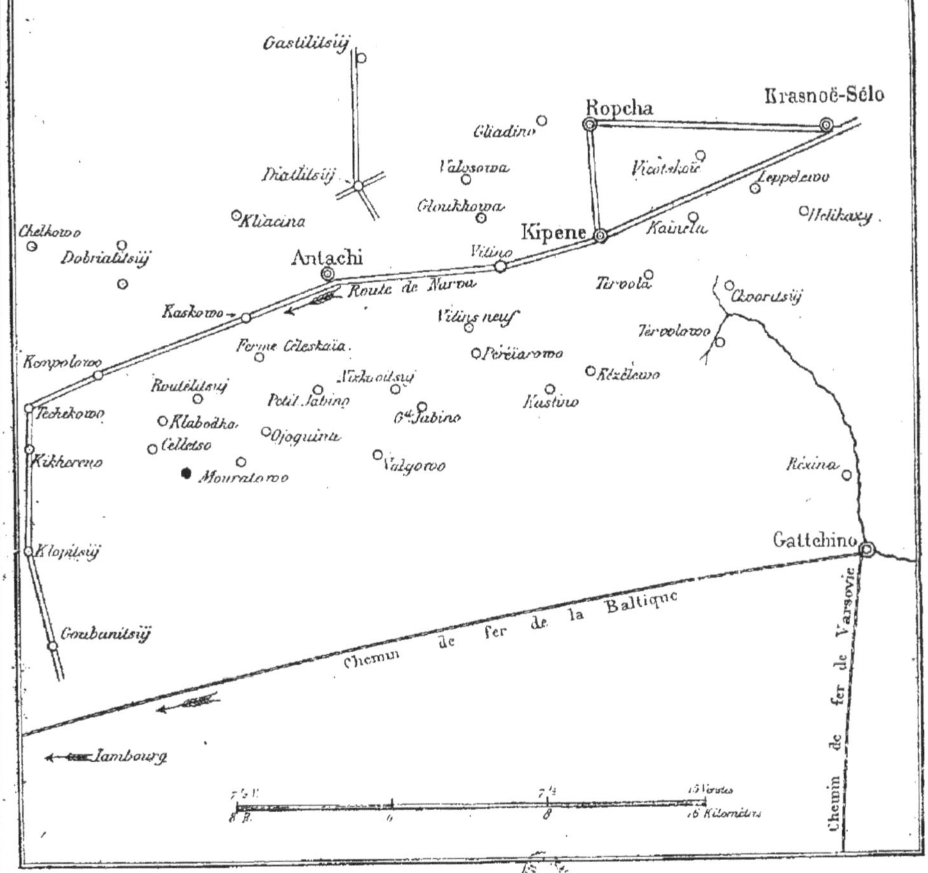

60